BEI GRIN MACHT SICH IHR WISSEN BEZAHLT

Bibliografische Information der Deutschen Nationalbibliothek:

Die Deutsche Bibliothek verzeichnet diese Publikation in der Deutschen National-
bibliografie; detaillierte bibliografische Daten sind im Internet über http://dnb.d-
nb.de/ abrufbar.

Dieses Werk sowie alle darin enthaltenen einzelnen Beiträge und Abbildungen
sind urheberrechtlich geschützt. Jede Verwertung, die nicht ausdrücklich vom
Urheberrechtsschutz zugelassen ist, bedarf der vorherigen Zustimmung des Verla-
ges. Das gilt insbesondere für Vervielfältigungen, Bearbeitungen, Übersetzungen,
Mikroverfilmungen, Auswertungen durch Datenbanken und für die Einspeicherung
und Verarbeitung in elektronische Systeme. Alle Rechte, auch die des auszugsweisen
Nachdrucks, der fotomechanischen Wiedergabe (einschließlich Mikrokopie) sowie
der Auswertung durch Datenbanken oder ähnliche Einrichtungen, vorbehalten.

Impressum:

Copyright © 2009 GRIN Verlag, Open Publishing GmbH
Druck und Bindung: Books on Demand GmbH, Norderstedt Germany
ISBN: 9783640542659

Dieses Buch bei GRIN:

http://www.grin.com/de/e-book/143966/analyse-zu-den-romanen-des-realismus

Hendrik Keilhauer

Analyse zu den Romanen des Realismus

Stendhal: "La Chartreuse de Parme", Balzac: "Le Père Goriot", Flaubert: "Madame Bovary"

GRIN Verlag

GRIN - Your knowledge has value

Der GRIN Verlag publiziert seit 1998 wissenschaftliche Arbeiten von Studenten, Hochschullehrern und anderen Akademikern als eBook und gedrucktes Buch. Die Verlagswebsite www.grin.com ist die ideale Plattform zur Veröffentlichung von Hausarbeiten, Abschlussarbeiten, wissenschaftlichen Aufsätzen, Dissertationen und Fachbüchern.

Besuchen Sie uns im Internet:

http://www.grin.com/

http://www.facebook.com/grincom

http://www.twitter.com/grin_com

CHRISTIAN-ALBRECHTS-UNIVERSITÄT ZU KIEL

Romanisches Seminar
Literaturwissenschaftliche Übung:
Les courants du roman du XIXe siècle

Analyseaufgabe 1
zu den Romanen

- **STENDHAL**: *La Chartreuse de Parme*
- **BALZAC**: *Le Père Goriot*
- **FLAUBERT**: *Madame Bovary*

Von

Hendrik Keilhauer

1. Staatsexamen für das Lehramt an Gymnasien
Französisch (6. Fachsemester)
Latein (6. Fachsemester)
Italienisch (5. Fachsemester)

Teilaufgabe 1: Vergleichen Sie mittels Textbelegen aus den Werken die drei verschiedenen *héros*! Inwiefern sind sie romantisch? Wie gestaltet sich bei den drei Werken das Verhältnis des *héros* zur Realität? Welche Charakterzüge vertreten bzw. symbolisieren die drei *héros*? Belegen Sie Ihre Aussagen durch Sekundärliteratur![1]

Der Vergleich der *héros* und ihrer Charakterzüge:

Der Roman STENDHALS *La Chartreuse de Parme* hat keinen zentralen Helden[2], vielmehr windet sich die Handlung des Buches in einem ständigen Perspektivenwechsel zwischen Fabrice del Dongo, Clélia Conti und dem Grafen Mosca hin und her. Nimmt man jedoch Fabrice als die dennoch wichtigste handlungstragende Person an, so lassen sich für ihn natürlich einige Charakteristika ausmachen. Fabrice distanziert sich von seiner reaktionären und österreichtreuen Mailänder Familie und wendet sich in tiefer Bewunderung für Napoléon seiner gleichgesinnten Tante Gina zu, mit der ihn eine lebenslange zärtlich-melancholische Bindung verbindet.[3] Er ist eine leichtfertige, charmante und launenhafte Persönlichkeit[4], aber vor allem ist er naiv. Als er beispielsweise der napoléonischen Armee beigetreten ist und erstmals in die Kampfhandlungen bei Waterloo verwickelt wird, zeigt sich dies ganz besonders: Ohne auf die Befehle der Vorgesetzen zu achten, prescht er im Glauben, ein vorbildlicher, ehrenhaft-todesmutiger Soldat zu sein (I: S. 63: *„J'ai **vu** le feu !* [...] *Me voici un vrai militaire".*) auf die offene Ebene hinaus, und wundert sich plötzlich über das laute Gefecht, als hätte er derartiges im Krieg gar nicht erwartet. Allein, dass er im Anschluss in der Nähe des berühmten Maréchal Ney sein darf, erfüllt ihn mit Hochgefühlen über Ruhm und Ehre. Er passt in keinster Weise in den brutalen Schlachtalltag: *„Notre héros, fort humain, se donnait toutes*

---

[1] Aus Platzgründen wird, wenn das Zitat zu lang ist, nur auf die entsprechende Textpassage verwiesen!
[2] Vgl. GRIMM, S. 284.
[3] Vgl. Kindler Bd. 15, S. 953.
[4] Vgl. Kindler Bd. 15, S. 953.

les peines du monde pour que son cheval ne mît les pieds sur aucun habit rouge" (**II**, S. 62). Er handelt in seinen Leidenschaften oftmals unbesonnen[5], so z.B. auch, als er später in Parma das Kind, welches er gemeinsam mit Clélia hat, entführt, worauf der kleine Junge erkrankt und stirbt. Generell sind die *héros* des Romans *La Chartreuse de Parme*, allen voran natürlich Fabrice, *épicuriens passionnés* und somit stets auf einer persönlichen *chasse au bonheur*, für welche die Szenerie des Romans, also beispielsweise die Erlebnisse von Fabrice im Militär und im Klerus, den äußeren (realistischen) Rahmen bilden.[6] Tante Gina beispielsweise rät ihm zu einer Karriere in der Geistlichkeit, aber nicht etwa aus moralischen Gründen, sondern um dort zu Macht und Einfluss zu gelangen.[7] Diesen Rat befolgt Fabrice und es gelingt ihm auch durch Intrigen und verbissen-leidenschaftliches Verfolgen seiner Ziele, eine solche Machtposition einzunehmen. Seine Leidenschaft zeigt sich auch in der Passage, als er in der Zitadelle von Parma eingesperrt ist, all sein Denken jedoch auf Clélia gerichtet ist, und wie er mit ihr in Verbindung treten kann. Diese individuelle Jagd nach dem persönlichen Glück macht die Helden in STENDHALs Roman durchaus zu romantischen Helden. Somit ist auch der Roman *La Chartreuse de Parme* romantisch. Es ist aber zu bemerken, dass diese egoistische Einstellung, das eigene Glück zu suchen, seine Ursache darin hat, dass die *belle âme* der *héros stendhaliens* stets für sich die Aufgabe hat, ihre Energie nur darauf zu richten, glücklich zu sein und das, was ihr wichtig ist, zu verfolgen und festzuhalten. Das lässt den *héros* natürlich stets ein sehr gefährliches Leben führen. Als nach dem Tod des Knaben auch Clélia aus Kummer verstirbt, Fabrice seine *chasse au bonheur* also als verloren aufgeben muss, stirbt auch er kurz darauf.

In HONORÉ DE BALZACs Roman *Le Père Goriot* ist ebenfalls nicht nur ein zentraler Held anzutreffen, sondern auch drei starke und zudem grundverschiedene Charaktere[8]: Rastignac ist ehrgeizig, Vautrin undurchschaubar, rücksichtslos-intrigant und zynisch und der tüchtige und

---

[5] Vgl. Kindler Bd. 15, S. 953.
[6] Vgl. GRIMM, S. 284.
[7] Vgl. Kindler, Bd. 15, S. 953.
[8] Vgl. Kindler, Bd. 2, S. 162.

aufrichtige Vater Goriot opfert sich in tiefster Zuneigung für seine beiden Töchter bis zur Selbstaufgabe auf. Letzterer stirbt am Ende, ausgebeutet von seinen herzlosen Töchtern, arm und allein gelassen. In seinen letzten Minuten verflucht und segnet er die beiden verzweifelt immer wieder abwechselnd: *„Mourrai-je donc comme un chien ? Voilà ma récompense, l'abandon. Ce sont des infâmes, des scélérates ; je les abomine, je les maudis ; (…) Vous savez bien que je les aime, je les adore ! Je suis guéri si je les vois…"* (**III**, S. 298). Die *héros* in BALZACs *comédie humaine* stellen Typen einer monumentalen Sozialstudie mit psychologischer Feinheit dar. Vater Goriot vertritt das bornierte und habsüchtige Kleinbürgertum, seine schamlosen Töchter stehen für die Großbourgeoisie und für eine moralisch zerrüttete Aristokratie, und der Verbrecher Vautrin für eine atheistische, auf Umsturz in allen Bereichen sinnende Intelligenzelite.[9] Wie ein Dreieck gruppieren sich diese sozialen Typen um den jungen aufstrebenden Rastignac, deren Einflüssen er im Verlauf der Handlung immer wieder in unterschiedlicher Weise und Intensität ausgesetzt ist. Hat sich mit BALZAC und STENDHAL die Romantik bereits in ihren letzten Ausläufern befunden und war die beginnende realistische Erzähltradition dort erst in ihren Anfängen[10], so ist in FLAUBERTS *Madame Bovary – mœurs de province*, welches fortan als „Bezugspunkt, an dem die Entwicklung des modernen Romanes gemessen werden kann"[11] galt und heute eindeutig der Weltliteratur zuzurechnen ist, die Protagonistin keine romantische *héroïne* mehr. Emma ist nicht mehr wie Fabrice del Dongo, eine Figur, deren Suche nach Glück für den Leser in gewisser Weise noch nachvollziehbar und moralisch motiviert ist. Ihre Träumereien und Wunschvorstellungen, für welche sie aufgrund ihrer empfindsamen und lebhaften Phantasie und ihrer umfangreichen Lektüre sehr empfänglich ist[12], sind illusionär und unerreichbar. Sie verkörpert, dem zeitgenössischen Trend der fortschreitenden Entheroisierung der Romangestalten folgend, den unheroischen Helden,

> der vage an der bürgerlichen Wirklichkeit leidet, diese zuweilen gefühlsmäßig oder verbal infrage stellt, aber weder das Format noch die Kraft zum konsequenten

---

[9] Vgl. Kindler, Bd. 2, S. 163.
[10] Vgl. GRIMM, S. 301.
[11] Kindler, Bd. 5, S. 608.
[12] Vgl. Kindler, Bd. 5, S. 607.

Ausbruch aufweist. Der bürgerliche Held wehrt sich gegen die ihn vereinnahmenden bourgeoisen Normen allenfalls durch die tagträumerische Evokation evasionsspendender Glücksbilder und verharrt ansonsten in narzißtischer Inaktivität.[13]

Emma leidet an der Mittelmäßig- und Ereignislosigkeit ihrer Existenz und ihres Alltags. Sie empfindet große Unzufriedenheit in der Rolle als Ehefrau eines Mannes, den sie nicht liebt (selbst die gemeinsame Tochter bezeichnet sie nur als ‚Das Kind von Charles'[14]). Sie geht nicht heroisch, aktiv und tatkräftig gegen das an, was ihr Kummer bereitet, sondern sie ist launisch, unzufrieden, egozentrisch und verharrt in resignierender Tatenlosigkeit. Ihr Stolz wird von ihrer kindlichen Naivität und Dummheit begleitet, die in ihrer Sehnsucht nach Verwirklichung ihrer illusionären Träumereien zum Ausdruck kommen. Diese Erfüllung ihrer Sehnsüchte und Begierden sucht Emma ausschließlich in einem erfüllten Liebesglück, welches Charles ihr nicht geben kann und wie es ihr in ihrer zahlreichen romantischen Lektüre vorgelebt wird. Nur für das Erreichen dieses egoistischen Ziels zeigt sie sich als eine willensstarke und tatkräftige Frau, sonst ist sie zurückhalten-unbeteiligt. Sie will ihre Wüsche verwirklichen, die Bereitschaft zum Ehebruch als Versuch des Ausbruchs aus ihrer tristen Existenz wächst mit dem Überdruß an der faden Gewöhnlichkeit ihres Lebens. In diesem Punkt durchläuft Emma einen inneren Reifungsprozess. Zu Beginn ist ihr Verhalten noch durch Zurückhaltung geprägt. Man lernt sie als eine stille, oft in sich gekehrte Person kennen: „Elle travaillait le front baissé; elle ne parlait pas" (IV, S. 81). Im weiteren Verlauf entwickelt sie sich zu einer Frau mit festen Zielvorstellungen, um ihr persönliches Glück zu finden.[15] Ihre Gefühlslage findet zudem oft Ausdruck in ihrem äußeren Erscheinungsbild. Während Emma ihre Haare anfangs noch streng nach hinten gebunden trug, wird ihre Frisur mit Beginn ihrer ehebrecherischen Fantasien jedoch zum Abbild ihrer Gefühlslage. Dies zeigt sich beispielsweise nach der Abreise Léons, welche Emma nur schwer verkraftet, da sie gerne seine Geliebte geworden wäre: „Souvent, elle variait sa coiffure : elle se mettait à la chinoise, en boucles molles, en nattes tressées ; elle se fit une raie sur le

---

[13] DETHLOFF, S. 146.
[14] Vgl. Kindler, Bd. 5, S. 607.
[15] Vgl. DETHLOFF, S. 144-148.

côté de la tête et roula ses cheveux en dessous, comme un homme"
(**V**, S. 190). Sie ist eine sinnliche und sehr sensible Person und infolge
dessen von ihrem unspektakulären Leben sehr schnell enttäuscht. Ihr
egoistisches Streben, ihre Begierden zu befriedigen, schwankenden
Gemütszustände, ihre Verschwendungssucht, die Unfähigkeit, ihr Schicksal hinzunehmen, ihrem Mann sowie ihrer Tochter Liebe und Achtung
entgegenzubringen und die sexuellen Eskapaden: All das leitet ihren Sturz
ein und sie bestraft sich gewissermaßen selbst[16] mit ihrem schauerlich-
qualvollen Todeskampf nach der Vergiftung am Ende des Romans.

Das Verhältnis der Protagonisten zur Realität:

Nachdem die Zensur STENDHALS Werk *Le Rouge et le Noir*
indizierte, sah er sich gezwungen, die Handlung der *Chartreuse
de Parme* gewissermaßen als Schutzmaßnahme aus dem
französischen Kontext auszulagern. Als großer Verehrer Italiens[17] lässt er
die Handlung in diesem Land spielen, weil es als eine damals nach wie
vor vorbürgerliche und vorindustrielle Gesellschaft noch anderen
historischen Bedingungen unterlag als Frankreich, und somit „Heimat
jener außergewöhnlichen Individuen (sein konnte, Anm. d. Verf.), die fähig
sind, die ‚chasse au bonheur' zu bestehen."[18] Fabrice in seiner naiven Art
und auf seiner leidenschaftlichen Glückssuche steht den Verhältnissen der
realen Welt oftmals befremdlich gegenüber. Die Helden in *La Chartreuse
de Parme* „verlangen vom Leben mit hartnäckiger Leidenschaft ein
Höchstmaß an Glück. Diesem Bedürfnis folgen sie bedingungslos ohne
jede Rücksicht auf soziale und moralische Normen; sie leben gefährlich
und skrupellos, fürchten weder Tod noch die Notwendigkeit zu töten und
sehen ihre Anmaßung durch das Risiko, das sie eingehen,
gerechtfertigt."[19] STENDHALS Roman ist geradezu ‚irrealistisch und
utopisch', denn er spielt nicht in Frankreich und seine historische Situation
lässt den Protagonisten viele Möglichkeiten der Realisierung ihrer *chasse
au bonheur*, die in Frankreich (also der Realität bzw. dem realen
Publikum, an welches das Werk adressiert ist) bereits aufgrund der

---

[16] Vgl. GRIMM, S. 301.
[17] Vgl. Kindler, Bd 15, S. 954.
[18] GRIMM, S. 284.
[19] Kindler, Bd. 15, S. 954.

gesellschaftlichen Wandlungsprozesse nicht mehr möglich sind.[20] Eben diese Gesellschaft versucht BALZAC in seiner *comédie humaine* regelrecht zu „kopieren"[21]. Er will das gesamte Spektrum der französischen Gesellschaft seines Jahrhunderts durch zahlreiche Typen[22] abbilden. Er sagt selbst, er wolle in seiner Rolle als lediglicher Sekretär seines Werkes[23] sein Jahrhundert zum Ausdruck bringen (*„exprimer mon siècle"*[24]). Dies zeigt sich allein daran, dass die beschreibende Exposition im *Père Goriot* ein Drittel des Werkes einnimmt und erst dann die dramatische Handlung fokussiert wird.[25] Die Protagonisten sind in die Dynamik der sich vollziehenden gesellschaftlichen Umwälzungen involviert und stehen damit als Vertreter realer sozialer Typen in unmittelbarer Beziehung mit der Wirklichkeit. Diese enge Bindung an die Wirklichkeit definiert sie. Ganz im Gegensatz zu Emma Bovary: Ihr Bezug zur Realität ist gänzlich verloren. Sie lebt in einem Konstrukt aus Wünschen und Begierden die sich mit der Wirklichkeit nicht vereinbaren lassen und die allein aus ihrer realitätsfernen Empfindsamkeit und ihrer weltentrückten Lektüre resultieren. Sie betreibt konstant eine zum Scheitern verurteilte „Flucht aus der Gegenwart in eine Welt des schönen Scheins."[26] Je mehr sie die Diskrepanz zwischen Traum und Realität erkennt, desto hartnäckiger versucht sie Emma, getrieben von ihrem *ennui*, sich von ihrer erbärmlichen Umwelt zu distanzieren.[27] Ihre Wahrnehmung der Wirklichkeit ist verzerrt und beeinflusst von ihren Emotionen: Als sie beispielsweise mit Rodolphe zusammen in den Wald reitet, wird die Wahrnehmung ihrer Umgebung von ihrem momentanen leidenschaftlichen Hochgefühl bestimmt. Sie sieht infolgedessen, was ihre Gefühle sehen wollen.

So lassen sich also für alle drei Werke unterschiedliche Verhältnisse der Protagonisten zur Realität konstatieren.

---

[20] Vgl. GRIMM, S. 284.
[21] GRIMM, S. 284.
[22] Typ definiert BALZAC hierbei als Synthese von Individuum und dessen gesellschaftlicher Rollenfunktion. (Vgl. GRIMM, S. 285)
[23] Vgl. GRIMM, S. 284.
[24] Zit. Nach Kindler, Bd. 2, S. 163.
[25] Vgl. Kindler, Bd. 2, S. 163.
[26] Kindler, Bd. 5, S. 607.
[27] Vgl. Kindler, Bd. 5, S. 608.

Aufgabe 2: Stellen Sie anhand von Textbeispielen die Gemeinsamkeiten und die Unterschiede der Darstellung der drei *héros* durch die verschiedenen Autoren dar! Beziehen Sie in Ihre Betrachtungen zudem auch die Verwendung von *moyens stylistiques* in den drei Werken mit ein. Welche Wirkung erzielen Sie dort jeweils? Ziehen Sie für Ihre Aussagen an geeigneter Stelle Sekundärliteratur zur Hilfe!

D er *héros* Fabrice del Dongo in STENDHALS *La Chartreuse de Parme* wird als naiver Idealist dargestellt, der, in seiner Leidenschaft befangen, sein Glück zu machen sucht. Er ist stolz und temperamentvoll und schafft es, dank rücksichtsloser Intrigen seiner Tante und ebenso dank seines leidenschaftlichen Engagements für seine persönlichen Ziele, trotzdem bis in hohe Bischoffswürden. Die Naivität und sein Stolz, der sehr leicht verletzbar ist, zeigen sich besonders in seinem Einsatz für die napoléonische Armee während der Schlacht bei Waterloo:

> Fabrice, distrait par sa joie, songeait plus au maréchal Ney et à la gloire qu'à son cheval, lequel, étant fort animé, sauta dans le canal ; ce qui fit rejaillir l'eau à une hauteur considérable. Un des généraux fut entièrement mouillé par la nappe d'eau, et s'écria en jurant : Au diable la f... bête ! Fabrice se sentit profondément blessé de cette injure. Puis-je en demander raison ? se dit-il. (**VI**, S. 61)

Dennoch ist er ein positiver *héros*, zu dem der Leser Sympathie aufbaut und mit dem er zusammen leidet und mitfühlt. Indem man in die Gefühlswelt von Fabrice hineinsehen kann, wird er für den Leser liebenswürdig und menschlich (*fort humain*) dargestellt: „*Fabrice ne put retenir sa curiosité. (…) Notre héros fut terriblement embarrassé ; (…). (…) mais ce spectacle ne faisait déjà plus autant d'impression sur notre héros ; il avait autre chose à penser.*" (**VII**, S. 63-65). Es gelingt dem Autor u.a. durch einen stilistischen Kunstgriff, diese emotionale Brücke zwischen Protagonist und Leser zu schaffen: Er nimmt den Leser für Fabrice ein, indem er, gleich einer *captatio benevolentiae*, fortwährend von *notre héros* spricht. Die Darstellung des Helden in *La Chartreuse de Parme* als ein sympathischer Held mit einer durchaus nicht geringen Lasterhaftigkeit macht einen der Reize des Werkes aus: „Ein besonderer Reiz ist die Mischung der Epochen: Menschen des ‚aufgeklärten' 19. Jh.s handeln mit der Leidenschaftlichkeit von Renaissancetemperamenten, lieben und morden wie die Borgia.“[28] Ein weiteres Merkmal der Darstellung im Roman ist, dass die Geschichte keinerlei Einheit der Komposition[29] aufweist. Fabrice zwar ist der zentrale Charakter, aber die Handlungen, die sich um die anderen Hauptakteure spinnen, sind nicht minder umfangreich. Diese Uneinheitlichkeit mag vielleicht der kurzen Zeit geschuldet sein, in der STENDHAL das Werk verfasste[30]: Im Jahre 1838 diktierte er es in nur 53 Tagen seinem Schreiber. Dennoch, oder vielmehr vielleicht gerade aus diesem Grunde war das Buch ein voller Erfolg – der einzige zu seinen Lebzeiten. BALZAC äußerte sich im Oktober 1840 mittels einer Rezension in der *Revue Parisienne* in den höchsten Tönen über das Werk.

> Die *Chartreuse de Parme*, die ihre Entstehung einem langen Reifeprozeß verdankt, ist eine glückliche Mischung aus Abenteuergeschichte, psychologischer Analyse und Dichtung. (Kindler, Bd. 15, S. 954)

Bei BALZAC hingegen ist bereits allein ein Drittel des Buches der ausführlichen Exposition gewidmet, erst in den anderen beiden Dritteln findet sich mehr Raum für die dramatische Gestaltung. Dennoch werden bei den *héros* in seinem Werk drei Hauptthemen umfassend verarbeitet[31]: die ungelohnte Vaterliebe des Titelhelden, die beinahe sein Hauptlaster und Ursache seines Falls ist und zweitens der ehrgeizige Aufstieg Rastignacs, der ihn zwingt, seine Skrupel vollends über Bord zu werfen.

> Mais Rastignac, semblable à la plupart des jeunes gens qui, par avance, ont goûté les grandeurs, voulait se présenter tout armé dans la lice du monde ; il en avait épousé la fièvre, et se sentait peut-être la force de le dominer, mais sans connaître ni les moyens ni le but de cette ambition. (**VIII**, S. 252)

Drittens wird Vautrins Geschichte als eine „gehässige Revolte gegen eine Gesellschaft, in der ‚Reichtum für Tugend‘ gilt“[32], dargestellt. Der stilistische Trick des Autors und zugleich sein zentrales Schreibcharakteristikum ist, dass er seine Figuren stets in anderen Teilwerken seiner *comédie humaine* wiederkehren lässt. Dadurch gelingt ihm der von ihm intendierte ‚Ausdruck seines Jahrhunderts‘, was sein Werk zu einer Sozialstudie geraten lässt. Dies ist nicht zuletzt der exakten Deskription der in ihm vorkommenden (Stereo-)Typen von Menschen zu verdanken.

---

[28] Kindler, Bd. 15, S. 953.

[29] Vgl. Kindler, Bd. 15, S. 953.

[30] Gegen die Annahme von kompositioneller Unausgegorenheit spräche jedoch die „ausholende, überaus geschmeidige Satzfügung" (Kindler, Bd. 15, S. 594), welche ein Beweis dafür ist, dass die Zusammenstellung des Romans von STENDHAL durchaus wohl durchdacht und ausgeführt ist.

[31] Vgl. Kindler, Bd. 2, S. 163.

[32] Kindler, Bd. 2, S. 163.

FLAUBERTs *Madame Bovary* hat eine langwierige Entwicklungsgeschichte: binnen einer fünfjährigen[33] und in höchstem Maße aufwändigen Sysiphusarbeit gelingt es dem Autor, einen banalen Stoff aufzuarbeiten[34], dem eine reale Begebenheit Modell gestanden hatte, und ihn somit gewissermaßen zu destillieren und einer regelrechten Veredelung zu unterziehen. Das Werk ist das Produkt einer wahrhaft dokumentarischen Vorbereitung seitens FLAUBERTs, weshalb der Charakter der Emma Bovary sehr komplex ist und auch so dargestellt wird. Auch hier nimmt der Leser wie bei STENDHALS Fabrice durch den perspektivischen Stil der Darstellung Anteil an den inneren emotionalen Vorgängen der Protagonistin (→ *style indirect libre*[35]!). Anders als bei Fabrice jedoch besitzt die *héroïne* eine durchaus negative Konnotation. Sie ist für ihren Sturz selbst verantwortlich, gleichwenn die äußeren Umstände ihres Lebens den Auslöser hierzu gegeben haben mögen. Der Leser kann sich nicht mit ihrem Schicksal identifizieren, distanziert sich von ihr und leidet kaum mit. Ihrer Empfindsamkeit wird man beim Lesen schnell überdrüssig – sie ist nur schwer nachvollziehbar. Der Autor selbst beurteilt sie nicht, er gibt lediglich eine kommentarlose Enthüllung ihrer Psyche[36]: „Was Flaubert enthüllt, ist das Scheitern jedweden Idealismus und der Triumph der opportunistischen Anpassung."[37] Trotz der Ausführlichkeit der Charakterstudie, die der Autor hier betreibt, ist die Zahl der typischen Schauplätze im Buch gering, was der Enge des Bewusstseins entspricht, welches die Menschen um Emma herum besitzen.[38] Stilmittel wendet FLAUBERT mit Bedacht an, so gebraucht er beispielsweise häufig das *Imparfait* als Zeitform der stereotypen Wiederholung. Dies schafft eine Atmosphäre der Unbewegtheit, dem Lebenszustand, an dem Emma so sehr krankt und der das gesamte Werk durchzieht.[39] Die alltägliche Gewöhnlichkeit wird dadurch zur Schau gestellt. Sie verachtet die selbstzufriedene Mittelmäßigkeit ihres Ehemannes, der sich nicht

---

[33] Kindler, Bd. 5, S. 607.
[34] Vgl. GRIMM, S. 301.
[35] = verkürzte Form der indirekten Rede, bei dem die Einleitungsformel des *discours indirect* fehlt.
[36] Vgl. Kindler, Bd. 5, S. 608.
[37] GRIMM, S. 301.
[38] Vgl. Kindler, Bd. 5, S. 608.
[39] Vgl. Kindler, Bd. 5, S. 608.

weiterentwickeln will, der antriebslos dort verharrt, wo er ist. Das kann sie nicht ertragen. Ihr Charakter wird deshalb als sentimental, träumerisch und realitätsflüchtig dargestellt: „Elle se laissa glisser dans les méandres lamartiniens, (…)" (**IX**). Dennoch schildert Flaubert die sentimentale Gefühlswelt der *héroïne* sachlich und in einem sehr systematischen Stil, der „bis in die feinsten Verästelungen der Handlung durchdacht, wie das Ergebnis eines komplizierten mathematischen Kalküls"[40] wirkt – ein Ergebnis seiner akribischen Vorbereitung und Konzeption des Werkes. Eine zeitgenössische Karikatur beschreibt, wie Flaubert das blutende Herz seiner Heldin herauspräpariert, um es mit wissenschaftlicher Nüchterheit genau und teilnahmslos zu untersuchen.[41]

> In einer berühmten (…) Kritik vergleicht SAINTE-BEUVE die Romantechnik Flauberts mit der Zergliederung einer Leiche: ‚M. Gustave, der Sohn und Bruder ausgezeichneter Ärzte, führt die Feder wie andere das Skalpell." (…) Die Spannung zwischen Identifikation und Distanz, die die Beziehung des Erzählers zur Protagonistin kennzeichnet, führt nicht nur zu neuen erzähltechnischen Mitteln (z.B.: *style indirect libre*), sondern erscheint auch typisch für Flauberts einerseits pathetische, andererseits ironische Schreibweise. (…) sein Bemühen um einen Stil, in dem jedes Wort und jeder Satz der Gesamtkonzeption entsprechen und sich in den unverwechselbaren Klang und Rhythmus einer der Lyrik nacheifernden Prosa einfügen sollten.[42]

Die durch penible Details gekennzeichnete akribische Präzision der Darstellung der *héroïne* bei FLAUBERT ist zweifellos das Produkt einer Entwicklung von neuer realistischer Heldendarstellung, die ihren Weg über STENDHAL und BALZAC genommen hat.[43] Diese neue Erzähltechnik intendiert eines der Hauptziele des Romans: Die (medizinische und rationale) Diagnose der Gegenwartsflucht der *héroïne* in eine Scheinwelt[44]. Der Autor selbst definiert diesen neuen Stil mit den Termini *impersonnalit, impassibilité und impartialité*.[45] Seine Devise lautet: „Soyons exposants et non discutants." Als logische Konsequenz hieraus hat er die auktoriale Erzählweise durch eine personale Darstellungsweise ersetzt, in der er soweit hinter den Charakteren zurücktritt, dass er vom Leser als solcher kaum mehr wahrgenommen wird. Er schlüpft in die Personen hinein, beschreibt die Ereignisse aus deren Perspektive und hat

---

[40] Kindler, Bd. 5, S. 608.
[41] Siehe Abbildung im Anhang!
[42] Kindler, Bd. 5, S. 608.
[43] Vgl. Grimm, S. 300f.
[44] Kindler, Bd. 5, S. 607.
[45] Vgl. Grimm, S. 301.

somit die Möglichkeit, eine *focalisation interne*, einen Blick in das Innere der Figuren zuzulassen. Dies zeigt sich besonders deutlich an seiner Hauptfigur.

> Les yeux fatigués, à la fin, elle fermait ses paupières, et elle voyait dans les ténèbres se tordre au vent des becs de gaz, avec des marchepieds de calèches, qui se déployaient à grand fracas devant le péristyle des théâtres.[46]

Es wird dem Leser überlassen, sich durch die Art ihres Redens und Verhaltens ein Bild von den Romanfiguren zu machen. Dem Leser kommt somit eine neue Rolle zu. Er gibt seine passive, bisher nur perzeptive Haltung auf, da er zur gedanklichen Vervollständigung des Erzählten gezwungen wird.

Zusammenfassend lässt sich also konstatieren, dass die Darstellung der Helden gemäß den Stilvorgaben des Realismus in allen drei Werken sehr genau und minutiös sind. Sie geben dem Leser die Möglichkeit, in die Protagonisten hineinzuschauen, wobei sich allerdings eine Entwicklung der Darstellungsweise von STENDHAL über BALZAC zu FLAUBERT feststellen lässt: Kann man sich bei den ersten beiden noch mit den jeweiligen *héros* und ihren Abenteuern identifizieren, so fällt das bei FLAUBERTs Emma Bovary zunehmend schwerer.

Alle drei Werke bilden komplexe Sozialstudien und Psychoanalysen der Hauptcharaktere und halten somit ihrer Zeit und der jeweils darin lebenden Gesellschaft auf ihre ganz eigene Weise einen Spiegel vor.

---

[46] FLAUBERT, S. 118.

Anhang:

Verwendete Textausgaben (Primärliteratur):

BALZAC, HONORÉ DE: *Le Père Goriot*. Présentation par Philippe Berthier, Paris: Flammarion 1995.

BEYLE, HENRI (*STENDHAL*): *La Chartreuse de Parme*. Édition revue et augmentée, Préface et commentaires de Pierre-Louis Rey, La Flèche: Pocket Classiques 2004.

FLAUBERT, GUSTAVE: *Madame Bovary – Mœurs de province*. Édition établie, présentée, commentée et annotée par Béatrice Didier, La Flèche: Le Livre de Poche/Librairie Générale Française 1983.

Verwendete Forschungsliteratur (Sekundärliteratur):

DETHLOFF, UWE: *Französischer Realismus*. Stuttgart: Metzler 1997.

GRIMM, JÜRGEN. (Hg.): *Französische Literaturgeschichte*, Stuttgart: Metzler 2006.

JENS, WALTER (Hg.): *Kindlers Neues Literaturlexikon*, Bde. 2 (Ba-Bo), 5 (Ea-Fz) & 15 (Scho-St), München: Kindler 1989-1991.

LAUSBERG, HEINRICH: *Elemente der literarischen Rhetorik*, München: Hueber 1963.

Bildquelle: http://www.da-net.dk/images/FlaubertGustave.jpg
(Zugriff: 23. Juni 2009).